# INSTRUCTIONS PRATIQUES

## SUR L'EMPLOI

### DES

# APPAREILS DE PROJECTION

LANTERNES MAGIQUES, FANTASMAGORIE, POLYORAMA

### ET DES

Appareils pour l'Enseignement et pour les Agrandissements

Un volume de 148 pages, 40 figures.

Broché . . . . 3 fr. 50   — Relié . . . . . 4 fr. 50

---

# EMPLOI DES PROJECTIONS LUMINEUSES

## DANS

## L'ENSEIGNEMENT PRIMAIRE

Guide pratique spécialement destiné aux Instituteurs.

Brochure avec figures : 0 fr. 25

---

## LES

# PROJECTIONS LUMINEUSES

### ET

## L'ENSEIGNEMENT PRIMAIRE

### CONFÉRENCE

faite dans le grand amphithéâtre de la Sorbonne aux membres du Congrès pédagogique

Par M. Stanislas MEUNIER

Brochure : 0 fr. 75

---

# LES GLACIERS

## CONFÉRENCE DE M. STANISLAS MEUNIER

Brochure : 1 franc.

# VOYAGE

DANS

# L'ITALIE SEPTENTRIONALE

TURIN — LAC MAJEUR

MILAN — VÉRONE — VENISE

ENSEIGNEMENT PITTORESQUE DE LA GÉOGRAPHIE

PAR LES PROJECTIONS LUMINEUSES

# VOYAGE

### DANS

# L'ITALIE SEPTENTRIONALE

## TURIN — LAC MAJEUR

## MILAN — VÉRONE — VENISE

PAR

## Georges RENAUD

*Professeur au Collège Chaptal, à l'Institut Commercial et aux Écoles Supérieures*
*de la Ville de Paris*
*Directeur de la Revue Géographique Internationale*

✳

# A. MOLTENI

44, RUE DU CHATEAU-D'EAU, 44

**PARIS**

# VOYAGE

DANS

# L'ITALIE SEPTENTRIONALE

### TURIN -- LAC MAJEUR

### MILAN -- VÉRONE — VENISE

Un voyage en Italie est toujours considéré comme l'idéal des voyages. Cette terre, qui a vu se succéder tant de civilisations éclatantes, ce pays du soleil, de la gaieté, des arts, des lettres et des sciences ; cette contrée, où les couleurs de la nature s'harmonisent si bien avec les mœurs, les habitudes, les costumes des habitants, n'est-ce pas la première des attractions pour l'écolier encore tout imbu du *De Viris Illustribus* ou du récit des merveilles de la Renaissance, pour l'érudit qui cherche à compléter ses études et ses recherches, pour l'homme d'affaires qui vient chercher un délassement dans la contemplation de la nature et des chefs-d'œuvre artistiques que révèle en si grande abondance cette terre privilégiée ?

Montons donc en wagon pour aller parcourir cette terre classique dont est sortie notre civilisation française. Dirigeons-nous par les voies rapides et gagnons la frontière des Alpes. Nous longeons le

### lac du Bourget. (1),

de l'autre côté duquel se trouve

### l'abbaye de Hautecombe (2).

Nous déposons à

### Aix-les-Bains (3),

l'ancienne *Aquæ Domitianæ* des Romains, les malades qui viennent y faire leur saison.

De l'époque romaine, il ne subsiste guère qu'un arc de triomphe,

### l'Arc de Campanus (4).

La locomotive reprend haleine à

### Chambéry (5),

l'ancienne capitale des ducs de Savoie, que domine la Dent de Nivolet.

L'ancien

### Château des Ducs de Savoie (6)

existe encore aujourd'hui et, sur l'une des places publiques, nous pouvons aller contempler le monument bizarre,

### La Fontaine des Éléphants (7),

élevé à la mémoire du Général de Boigne qui fit la guerre dans les Indes au siècle dernier.

En dehors de la ville, faisons une pointe jusqu'à la cascade du

## Bout du monde (8),

qui sert actuellement à faire marcher une papeterie.

Nous gagnons maintenant la vallée de l'Isère à la hauteur de *Montmélian*.

Nous ne la quittons à *St Pierre d'Albigny* que pour remonter celle de

## l'Arc (9).

L'Arc est un gros torrent qui prend sa source au mont Levanna au milieu des pierres et des glaces par 3600 mètres d'altitude. Nous sommes ici en pleine *Maurienne*, au travers de laquelle le chemin de fer va en s'élevant sans cesse.

## Carte (10).

A Aix-les-Bains, nous nous trouvions à 258 mètres au-dessus de la mer. A St Pierre d'Albigny, nous nous sommes déjà élevés à près de 400 m. Quand nous arrivons au cœur de la Maurienne, à Saint-Jean-de-Maurienne, nous atteignons 573. C'est ainsi que peu à peu nous gravissons les premières pentes des Alpes.

La *Maurienne* formait un comté à part autrefois, puis elle devint une province du duché de Savoie. Son étendue est d'environ 2070 kilomètres carrés, soit 18 fois la superficie de la ville de Paris, et on y trouve environ quatre-vingts villages.

Voici

## S<sup>t</sup> Michel de Maurienne (11),

et nous arrivons à la

## Gare internationale de Modane (12),

d'où nous découvrons la route qui gravit la montagne. Au centre se trouve la redoute du Replaton, destinée à battre l'entrée du tunnel de Fréjus. A gauche, au sommet, s'élève le fort du Sappey. Au fond, l'horizon est fermé par l'aiguille Doran.

La gare est installée aux

## Fourneaux (13),

à peu de distance de la rivière de l'Arc et de Modane.

Ici, nous nous trouvons à plus de 1050 mètres au-dessus de la mer. A gauche, on aperçoit l'Arc, et c'est sur la montagne de droite que va s'élever le chemin de fer pour atteindre le tunnel.

A Modane, la douane française bouscule les bagages des infortunés voyageurs qui reviennent d'Italie, pour s'assurer qu'ils ne recèlent ni cigares, ni allumettes, ni eaux-de-vie.

Escaladons ces pentes rapides pour parvenir jusqu'au tunnel, dont l'entrée, marquée sur le tableau par un petit point noir, est à 1271

mètres au-dessus de la mer. Ce tunnel est impro-
prement désigné sous le nom de Tunnel du Mont
Cenis. Le Mont Cenis est à 27 kilomètres de là.
On doit appeler ce passage

### le tunnel du Col de Fréjus (14),

car le chemin de fer arrive dans le voisinage de ce
col, après avoir décrit une grande courbe autour
du village.

Le pays devient sauvage. La Compagnie de
Lyon exécute d'énormes travaux de soutènement
afin de prévenir un éboulement ultérieur de la
montagne. On a construit là des murs d'une épais-
seur et d'une hauteur formidables, et il reste
encore beaucoup à faire.

Ce tunnel est une des merveilles de l'art de
l'ingénieur, ouvert en 1871, grâce à l'habileté de
Sommelier et de Colladon. Aujourd'hui cet ouvrage
peut être effacé par celui du St Gothard ; mais il a
été le premier en date, et toutes les difficultés ont
été surmontées ici pour la première fois.

Avant la construction de ce tunnel et l'établisse-
ment de la voie ferrée, on franchissait la montagne
par une

### route en lacets (15)

qui existe encore aujourd'hui et connue sous le
nom de *Passage des Echelles*.

De Modane à Bardonnèche, où se trouve la sortie du tunnel sur le sol italien, il faut 5 h. 1/2 à pied par le Col de Fréjus avec un guide connaissant le chemin. Le train met environ 49 minutes, dont 22 à 23 dans l'obscurité.

La frontière se trouve au milieu du tunnel où on a constaté une température de 24°, alors que celle des extrémités ne dépassait point 13°; mais le tunnel fait office de cheminée, et il se produit un appel d'air parfois excessivement violent.

Bardonnèche! Bardonnèche! Nous abordons l'Italie. Elle n'est pas riante, l'Italie que nous voyons là. Elle est rude et austère comme le montagnard qui y habite. On ne s'aperçoit pas encore qu'on a pénétré sur le sol de la riante patrie de l'Arioste et du Tasse, dans la patrie de Raphaël ou du Titien.

Nous débouchons par la vallée du torrent de Bardonnèche ou vallée de la Dora Riparia (ou Doire Ripuaire), qui va se jeter à Turin dans le Pô.

Avant de nous arrêter à **Turin** jetons un coup d'œil sur cette

### Carte (16)

pour y voir l'itinéraire que nous allons suivre.

Voici Turin au pied des Alpes, Nous allons nous diriger sur le lac **Majeur**, puis, par le lac de **Lugano**, sur celui de **Côme** et, de là, nous gagnerons **Milan**.

De Milan nous ferons une pointe sur **Pavie**, et la voie ferrée nous entraînera directement à **Venise** au travers de la Lombardie, en longeant le **lac de Garda**, en traversant **Vérone** et **Padoue**.

Le train arrive en gare de **Turin** (Torino).

Les conducteurs des voitures d'hôtels vous réclament. Confiez-leur vos bagages et acheminons-nous à pied au dehors de la **Stazione**.

Il y a deux gares à **Turin**.

La gare centrale, ou

### gare de Porta Nuova (17),

est celle où nous descendons.

Nous voilà sur la place *Carlo-Felice*, entourée de constructions neuves et précédée d'un superbe jardin avec un bassin et un jet d'eau. Les rues qui viennent y aboutir à droite et à gauche sont fermées par des portiques à 5 arcades.

En avant du jardin, entre celui-ci et la gare, se dresse la statue de l'illustre Massimo d'Azeglio, aussi populaire en Piémont comme écrivain que comme homme d'état.

Suivons la Via Roma. Nous débouchons sur la

### place San Carlo (18),

au milieu de laquelle est érigée la statue en bronze

d'**Emanuele Filiberte**, dit *Tête de fer*, qui, au XVIe siècle, fonda l'ordre des Saints Maurice et Lazare. Il remet son épée dans le fourreau. Cette statue est de **Marochetti**.

La place San-Carlo fut commencée en 1647. En face de nous, nous apercevons les deux **églises Saint Charles et Sainte Christine**, entre lesquelles s'ouvre la Via Roma. Dans le fond, on entrevoit la gare monumentale par laquelle nous sommes arrivés ; sur les deux autres côtés de la place, sont des palais, dont celui de l'Académie des Sciences, avec portiques et arcades sur la droite, et le café *San Carlo*, où tous les soirs pendant la saison d'été se donnent des représentations populaires en plein vent, dont on est très friand en Piémont.

Turin est une ville internationale, très bien bâtie, où toutes les rues se coupent à angle droit.

### Plan de Turin (19).

C'est un véritable damier. Elle date des Ligures, des Taurini, qui lui ont donné leur nom. Elle avait 4000 habitants au XIVe siècle, 11000 à la fin du XVIe. Aujourd'hui, elle en possède plus de 210.000. Ce n'est pas là qu'il faut chercher le pittoresque. Il y a cependant quelques monuments intéressants, mais rien de premier ordre.

La Via Roma continue et vient aboutir sur la

## Piazza del Castello

ou

## Place du Château (20).

Nous sommes ici au centre géométrique de l'ancienne ville. Au milieu de la place s'élève le **Palais Madame**, dont vous apercevez la façade moderne, prise de la cour du Palais Royal. Les deux chevaux, en effet, sont à l'entrée de ce dernier. La façade du Palais Madame que vous avez sous les yeux date de 1720. Elle est due à Javara, qui devait la reproduire sur les trois autres côtés. Le style des autres façades est du xive et du xve siècles.

Voici celle du

## Côté Nord (21).

C'est la plus pittoresque, en raison de son ancienneté et de son originalité.

Ce bâtiment en briques rouges, avec les deux vieilles tours de l'est, est un élément de variété au milieu de cette ville monotone et uniforme. Là siégeait le Sénat au temps où Turin était encore capitale de l'Italie. Là, encore, au xviiie siècle, habitait la duchesse de Nemours, sœur du roi Charles Emmanuel. Telle est l'origine du nom que porte ce palais.

Aujourd'hui, on y a réuni diverses institutions publiques. Un observatoire est installé dans l'une des tours. Cette ancienne façade fait vis-à-vis à la

### rue du Pô (22),

qui conduit en ligne droite à la **place Victor Emmanuel** et au pont jeté sur le fleuve. A gauche, sur une colline, à 700 mètres d'altitude, on aperçoit la **Superga**, où sont rassemblés les tombeaux des membres de la famille de Savoie.

Au bout de la rue du Pô, vous découvrez l'é-glise **Madre di Dio** (Mère de Dieu).

Devant la façade moderne du palais, se dresse une

### statue (23),

élevée en 1859 à l'armée Sarde.

Cette statue est de Vela, l'un des plus grands sculpteurs de l'Italie ; car il est à remarquer que, si la peinture italienne est actuellement en complète décadence, en revanche, la sculpture y est en pleine floraison.

Autour de la place Madame, s'étendent d'un côté de superbes magasins sur une double rangée, sous les portiques ; mais, à sept heures du soir, tout cela est fermé. Un café fait jouer des comédies par des *bambini*, et c'est tout ce que l'on a à Turin comme distractions publiques le soir.

Sur l'autre côté de la place, nous apercevons le **Palais Royal**. L'extérieur en est assez banal. Cela rappelle l'architecture de nos châteaux du

xvii<sup>e</sup> siècle. Il est en briques. On y accède par
une grande cour. Cette cour est fermée par une
grille, dont les piliers sont décorés de deux grou-
pes équestres, représentant **Castor et Pollux**,
comme nous l'avons vu tout à l'heure. On péné-
tre dans l'intérieur du Palais par un *escalier*, célèbre en raison du luxe de sa décoration. Il est
même un peu surchargé d'ornements.

On y trouve les statues

### d'Emmanuel Philibert (24),

par Varni, et de

### Charles Albert (25),

par Vela.

La décoration est riche mais d'un goût douteux.

On peut visiter dans le Palais de beaux apparte-
ments, notamment *le Cabinet du Roi*, tout recouvert de laque du Japon et de glaces. Il renferme
une délicieuse collection de miniatures, portraits
de personnes ayant appartenu à la famille de
Savoie. Il y en a une, qui est due à Van Dyck
et une autre à Rubens.

Nous traversons ensuite

### la salle de réception (26)

### la salle du trône (27)

### et la Chambre à Coucher (28)

Sortons du Palais Royal et pénétrons dans une autre aile, où se trouve installé

## l'Armeria Reale (29)

(Musée Royal des Armures)

et dont voici l'entrée.

C'est certainement le plus beau musée de ce genre. Quelque riches que soient la collection du musée des Invalides et celle de la Tour de Londres, elles ne supportent point la comparaison avec celle-ci.

## Le coup d'œil d'ensemble (30)

est superbe. Il y a de l'air et de l'espace. Les objets ne sont pas entassés les uns sur les autres comme à la Tour de Londres. Ce n'est pas un magasin d'armures. C'est bel et bien un musée.

A côté de

## la première armure équestre (31),

que vous apercevez, est placée à droite une armoire renfermant l'une des raretés de la collection, l'épée ciselée par *Benvenuto Cellini*. Au-dessus de la porte, qui se voit au fond de la galerie, se trouve le buste du

## roi Charles Albert (32),

entouré de deux drapeaux autrichiens. Dans le

fond, à gauche, sous verre, un bouclier ciselé par
Benvenuto Cellini, incrusté d'or, représentant des
épisodes des guerres de Marius contre Jugurtha.

Revenons à la rue du Pò, qui se termine à cette
belle place que vous apercevez sur les bords du
fleuve et qu'on appelle

### la place Victor Emmanuel (33).

Elle est bordée de palais à portiques. La rue du
Pò est la plus belle rue et la plus animée de Turin
avec deux trottoirs recouverts d'arcades.

Traversons le

### pont (34).

que nous apercevons.

Nous voilà sur la rive droite du fleuve. Prenons
à notre droite, laissant à gauche la *Madre di
Dio*. Nous allons faire une ascension de quinze
minutes jusqu'au

### Monte (35).

Le temps est beau ; mais l'atmosphère n'est
point transparente. Nous ne verrons pas au loin.
Pour aujourd'hui, la chaîne des *Alpes* nous reste
cachée. Cependant, d'ici, par un temps clair, on a
un superbe panorama de ces montagnes. On peut
alors distinguer de droite à gauche le mont Rose,

le Grand Paradis, le mont Levaunaz, le mont
Cenis, le mont Viso.

A vos pieds vous apercevez

### le fleuve (36),

qui court de gauche à droite, le pont du Pô, que
nous traversions tout à l'heure, la superbe place de
Victor Emmanuel. Plus loin, ce vaste échiquier de
rues et de pâtés de constructions est dominé par
un énorme monument, formé d'un bloc de marbre,
érigé en mémoire du percement du tunnel du col
de Fréjus.

Faisons une visite au musée de peinture (à la
*Pinacothèque*, comme on l'appelle) ; donnons
un coup d'œil aux statues qui se trouvent sur les
places publiques, notamment à celles de Cavour,
de Victor Emmanuel et enfin

### d'Emmanuel Philibert (37)

que nous avons sous les yeux. Parcourons le
musée égyptien, une des plus riches collections
d'Europe, préparée par le premier consul pour le
Louvre et perdue par la France en raison de la
lésinerie du gouvernement d'alors.

Un *tramvia* à vapeur va maintenant nous
conduire à

### la Superga (38),

à 7 kilomètres 1/2 de Turin. On s'y rend à pied en 2 heures 1/2.

On peut aussi descendre le Pô jusqu'à la *Madonna de Pilone*. On prend là des ânes ou un funiculaire, et l'on arrive au sommet. C'est *Juvara*, l'auteur de la façade moderne du palais Madame, qui a construit cette église, servant de sépulture aux rois de Sardaigne.

Le nom de Superga vient de *Super terga montium* (sur le dos des monts), et, en effet, de là on découvre une vue splendide sur les Alpes. La construction fut commencée en 1717. Il fallut monter à dos de mulets l'eau nécessaire à la construction et élever à l'aide de machines, encore très primitives à cette époque, les marches et les colonnes. Cette église coûta trois millions. Les tombeaux sont placés dans les galeries souterraines. Au milieu de la croix, formée par le centre de l'église, se trouve le tombeau du dernier roi.

Nous retournons à la *Stazione Centrale*. Nous prenons un billet pour Arona, en ayant soin de garder nos colis avec nous dans le wagon, — il n'y a pas de franchise de bagages en Italie, — mais on peut conserver avec soi autant de paquets qu'il en entre dans les filets, et de cette façon on n'a pas à attendre indéfiniment qu'il plaise aux employés *della via ferrata* de vous les délivrer.

En route donc, et plaçons-nous dans le wagon à la portière de gauche, dans le sens de la direction que suit le train.

D'abord, nous tournons autour de la ville, puis, comme le temps est clair, le plus admirable des panoramas se développe devant nos yeux. Voilà toute la chaîne des Alpes, s'élevant presque à pic au dessus des plaines du Piémont et de la Lombardie depuis les Alpes Cottiennes jusqu'aux environs du lac de Garda, avec une série interminable de glaciers et de massifs neigeux qui se prolonge de l'Ouest à l'Est et au centre de laquelle le massif du Mont Rose occupe peut-être la plus belle place.

Nous quittons la ligne de Milan à Novara, pour prendre l'embranchement qui se termine à Arona, sur les bords du

## Lac Majeur (39)

Le voilà donc ce lac tant rêvé et chanté par tant de poètes !

Un bateau à vapeur fait trois fois par jour la traversée du lac dans sa plus grande longueur, d'Arona à Magadino en 5 h. 1/2. Ce lac est formé par le Tessin qui s'écoule ensuite dans le Pô. Quelle magnificence et quelle couleur ! Mais il

devient parfois terrible. Quand la rivière est grosse,
à la suite de pluies abondantes et de la fonte des
neiges, il s'élève de plusieurs mètres et déborde en
causant de véritables désastres. En 1 h. 1/4, nous
arrivons aux îles Borromées.

Voici `

## l'île des Pêcheurs

## (Isola dei Pescatori) (40 ,

entièrement occupée par un village de pêcheurs.
A peine y reste-t-il une place disponible pour y
faire sécher les filets. On ne voit plus le Mont
Rose d'ici ; mais on distingue vers le N.-O. les
cîmes neigeuses du Simplon.

Tout près de là, vous distinguez les rochers de
granit de

## Baveno (41).

Les rives sont couvertes d'une admirable végétation, châtaigniers mûriers, vignes, figuiers,
oliviers, et de superbes villas. La vaste nappe
bleue du lac, le cercle de montagnes qui limite
l'horizon de partout, le contraste des neiges et de
la verdure éclatante, tout cela est d'une séduction
irrésistible, surtout si l'on vient de Suisse en Italie
au mois de mars. De l'autre côté du Simplon, à
cette époque, on est encore en plein hiver ; puis

soudain s'épanouit ici, par un contraste brusque, cet admirable tableau, avec tout l'éclat du printemps, en plein développement de la végétation débordant de toutes parts. Aucune impression, aucune sensation, aucune jouissance ne saurait dépasser celle-là. Mais c'est surtout

### l'Isola Bella (42)

qui doit nous attirer. Là, le comte Vitalio Borromeo, au xviie siècle, fit bâtir un château et couvrir de terre végétale les rochers de schiste micacé dont l'île se compose. Il en a fait un admirable jardin qui s'élève de terrasses en terrasses jusqu'à plus de 30 mètres au-dessus du lac. Limoniers, orangers, lauriers, cerisiers, cèdres, magnolias, cyprès, en font un véritable paradis. Comme on comprend que J.-J. Rousseau ait eu un moment l'idée de choisir ces îles Borromées comme théâtre des scènes de la Nouvelle Héloïse ! Jets d'eau, grottes de coquillages, berceaux feuillus, rien n'a été oublié pour faire de l'Isola Bella un séjour enchanteur.

Revenons à Arona, que domine cette immense

### Statue de St Charles Borromée (43),

haute de 21 mètres.

Elle est située au sommet d'une très haute montagne, à une demi-heure de là. Elle a été élevée en cet endroit en l'honneur de l'illustre cardinal archevêque de Milan, Charles Borromée, qui vivait au xvi° siècle et qui a été canonisé depuis. Elle est en bronze, enveloppée d'une robe en cuivre battu. On monte jusqu'au sommet. Sa tête peut contenir trois personnes.

Repartons d'Arona en bateau à vapeur et traversons tout le lac. Nous arrivons à Luino en 2 h. 1/2 ; puis une diligence nous emmène en 3 heures à

## Lugano (44)

Nous nous embarquons ici sur

## le lac (45)

du même nom, laissant derrière nous le mont Salvatore.

Le bateau à vapeur met une heure pour le traverser jusqu'à Porlezza. De Porlezza, un omnibus nous conduit en 2 heures à Menaggio, sur les bords du lac de Côme. Parcourons ce lac qui ressemble assez exactement à un pantalon avec ses deux jambes. En effet, vers le midi, à la

## Pointe de Bellagio (46),

il se partage en deux branches. L'une est le lac de Côme proprement dit ; l'autre s'appelle

## le lac de Lecco (47),

sur lequel se trouve la petite ville industrielle du
même nom

La ville de

### Bellagio (48)

est placée à l'extrémité nord du pays qu'on appelle
la *Brianza*. C'est le plus bel endroit du lac de
Côme, qui lui-même est considéré comme le plus
remarquable des lacs italiens. Il a 48 kilomètres
de long, 4 de large, et sa profondeur est de 588
mètres. Avant de quitter Bellagio, jetons un dernier
coup d'œil sur ses

### pittoresques quais (49).

Les rives du lac sont couvertes de villas appar-
tenant à l'aristocratie milanaise, au milieu de
magnifiques jardins et de terrasses plantées de
vignes. Plus haut s'élèvent les forêts de châtaigniers et de noyers, dont les tons verts forment
un contraste vigoureux avec le gris mat des
oliviers. Les montagnes qui bordent le lac ont
parfois 2500 mètres et donnent au paysage un
aspect tour à tour imposant et riant. La vue que
voici représente

### Bellagio pris de la Tremezzina (50),

nom donné au pays qui entoure le petit village de
Tremezzo.

C'est

### l'**Adda** (51)

qui forme ce lac. Il s'écoule par l'extrémité Sud-
Est de la branche de Lecco. A 10 minutes au S. de
Bellagio, on aperçoit la

### **Villa Melzi** (52),

très riche en œuvres d'art dues à *Canova*, à Vela,
à Luini, etc.

Au-dessus du pays s'élève la

### **Villa Serbelloni** (53),

d'où l'on découvre un admirable panorama sur le
lac, mais surtout sur la branche de Lecco. Il y a
même tout près de là un petit bosquet de palmiers.

On y a de jolies échappées sur les autres villas
et sur

### **Varenna** (54),

qui fait face à Bellagio, avec de splendides jardins
au débouché du val d'Esina. Varenna est située
sur une langue de terre s'avançant au milieu du
lac. Le tout est dominé par les ruines d'un château appelé *Torre di Vezio*.

Le bateau à vapeur nous conduira à l'extrémité
méridionale du lac de Côme proprement dit, en vue de

### **Como** (**Côme**) (55),

chef-lieu de province, ayant environ 25.000 habitants

C'est une ville intéressante que Côme. Là sont nés les deux Pline, dans l'antiquité, et l'illustre Volta, au xviiiᵉ siècle.

Cette coupole que nous apercevons est la coupole de la cathédrale, l'une des plus belles églises de l'Italie septentrionale. Commencée à la fin du xvimᵉ siècle dans le style gothique lombard, cette église fut transformée au commencement du xviᵉ dans le style Renaissance par *Rodari*.

De chaque côté de l'entrée se trouvent les statues de Pline l'ancien et de Pline le jeune ; plus loin on peut voir des tableaux de *Luini* et dans la sacristie figurent des toiles du *Guide* et de *Véronèse*. C'est une église richement décorée, trop richement même.

Sur la droite, la tour carrée, que vous apercevez, appartient à la vieille église *San-Fidele* du xᵉ siècle.

La ville est dominée par des montagnes. Montons sur ce sommet, sur lequel vous distinguez une chapelle, et de là on a une vue immense sur les deux bras du lac.

De Como à Milano, il n'y a pas loin. Un omnibus nous mène en 35 minutes à Camerlata. Ici commence la voie ferrée, qui va rejoindre à Monza la ligne de Lecco à Milan. Le trajet de

Camerlata à Milan est de 1 heure 1/2. Nous entrons dans cette

## Gare de Milan (56),

où les trains succédent aux trains, venant du
nord, de l'est, de l'ouest, du midi. Quel encom-
brement dans les mois d'été ! On n'y est pas
vif à enregistrer les bagages. Aussi les trains
italiens partent-ils presque toujours en retard et
de façon à ne pouvoir se rattraper en route.

La gare est ornée de fresques. Admirablement
orientée, elle laisse entrevoir du côté de l'ouest le
panorama de la chaîne neigeuse des Alpes.

Une belle ville, Milan ! Mais ce n'est guère une
ville italienne. On y parle toutes les langues. On
n'y rencontre guère que des touristes et des aven-
turiers. Grande ville de commerce également,
au débouché de l'importante route du St Gothard,
Milan a été pendant longtemps le marché prin-
cipal des soies en Europe. Lyon l'a dépossédé de
cette suprématie depuis une quinzaine d'années.

Milan n'en a pas moins une grande activité industrielle, qui va sans cesse se développant, car
nous sommes ici au centre du pays de production
de la soie par excellence. Les rues sont larges,
sillonnées de tramways. Nous entrons dans la ville
par la *Porta Venezia*. Nous parcourons le Corso

Venezia qui se continue par le superbe *Corso Vit-torio-Emanuele*.

Il n'est pas toujours facile de trouver à se loger dans les hôtels de Milan. La ville est cependant très grande. Elle a 15 kilomètres de circonférence et 450,000 habitants en y comprenant les faubourgs. Elle est traversée par l'Olona, reliée elle-même par trois canaux au Tessin et au lac Majeur, au Pô, à l'Adda et au lac de Côme.

Milan était très important sous les Romains. *Mediolanum* devait sa prospérité au caractère exceptionnel de sa situation au centre de cette Lombardie si riche et si fertile.

On compte 80 églises à Milan. La plus célèbre est la Cathédrale ou

## Dôme (Duomo) (57),

placée sous le vocable de la Nativité de la Vierge, comme on peut le lire sur la façade et comme l'indique cette statue de cuivre dorée, haute de 4 mètres, qui se trouve au sommet de la flèche surmontant la coupole. C'est la huitième merveille du monde, disent les Milanais. Après St Pierre de Rome et la cathédrale de Séville, c'est en effet le plus grand édifice religieux de l'Europe entière. Il a **145** mètres de long, et la flèche s'élève à 110 mètres au dessus du sol ; mais ce qui donne au Duomo un intérêt particulier et une originalité qui ne se retrouve point ailleurs, ce sont ces 98 tourelles gothiques qui ornent les toits, ainsi que 2000 statues, dont un assez grand nombre sont dues à Canova.

Galéas Visconti commença la construction de ce monument en 1368, probablement sur le modèle de la cathédrale de Cologne. Mais la construction traîna. Les architectes du Nord et ceux du Midi se disputèrent, et le monument resta en route, ne présentant aucune unité de plan. On reprit les travaux au xv° siècle. Les parties de la façade dans le style Renaissance (porte et haut des fenêtres) sont de *Pellegrino Tibaldi* et datent du xvi° siècle. Napoléon 1er fit achever la flèche au dessus de la coupole, et les travaux n'ont point cessé depuis.

### L'intérieur de cette église gothique (58)

a la forme d'une croix. Le caractère en est singulièrement imposant. Ces immenses piliers, de 16 pas de circonférence chacun, formés de l'agglomération d'une multitude de colonnettes élégantes et élancées jusqu'à la voûte, dispersés au milieu de cet immense espace, nous donnent avant tout le sentiment de la grandeur, nous dirions presque, de l'immensité. Les êtres qui s'agitent là-dedans, paraissent, en comparaison, si petits et si grêles ! Et rien n'affaiblit cette impression de grandeur.

Il n'y a pas de chaises sur le sol. En Italie, tout le monde s'agenouille sur la dalle, sans distinction de qualité ni de sexe. Ce sol, du reste, est superbe, car il est recouvert d'une mosaïque de marbres de diverses couleurs. Au sommet des piliers, les chapiteaux sont remplacés par des couronnes surmontées de niches où se trouvent placés des saints.

La valeur artistique du monument ne répond toutefois pas à cette impression. Faisons l'ascension du toit et de la tour. Il y a 400 marches à gravir. Du sommet, on découvre un magnifique panorama sur les Alpes et sur la campagne environnante. Tout près de la tour, sur le toit même, on aperçoit les statues dues au ciseau de Canova. C'est surtout le matin que l'on peut avoir la chance de jouir d'une belle vue sur les montagnes depuis le mont Viso jusqu'au Monte Baldo.

Signalons encore, parmi les sculptures qui décorent l'église du Dôme, la

### Statue d'Ève (59).

Devant le Duomo s'étend la plus belle place du Dôme. C'est le centre de la ville. Là débouche la célèbre galerie Victor Emmanuel, le plus beau promenoir vitré de l'Europe. Voici une

## Vue générale (60)

de Milan. Dans l'angle à notre gauche, on aperçoit *San Lorenzo*, église de forme octogone, couronnée d'une coupole, la plus ancienne de la ville, mais ayant subi des transformations successives. Son origine remonte, en effet, à l'époque romaine. Elle est d'un aspect simple et monumental. A droite, on aperçoit la chapelle St Aquilin, renfermant de très anciennes mosaïques qui représentent *Jésus et les Apôtres*, *l'Annonciation* et la *Nativité*. Elles sont des plus intéressantes. Au centre de la vue, vous entrevoyez, assez loin, l'église du Dôme avec ses innombrables clochetons. Tout près de nous, l'une des portes de la ville.

Milan renferme peu d'anciens souvenirs. Toutes ses richesses datent du XIIIe, du XIVe et du XVe siècles, Attila ayant détruit presque tous les monuments romains de l'ancienne Mediolanum.

Illustrée par *Leonardo di Vinci*, par Bramante, par Beccaria, elle ne contient que peu d'œuvres artistiques de premier ordre. A cet égard, on ne doit pas manquer d'aller visiter la fameuse *Cène* (Cenacolo) de Leonardo di Vinci, fresque qui malheureusement se détériore chaque jour, par

suite de l'humidité extrême du mur sur lequel elle
a été exécutée.

Au milieu du panorama, vous apercevez la Tour
de l'Horloge du Palais de la *Ragione* (archivia
publica), élevée sur portiques et datant de 1233.
Le bâtiment du côté du nord fut construit par ordre de Pie IV pour servir à l'installation d'un collège de Jurisconsultes.

Un dernier regard sur le

### Jardin public (61),

qui est très beau, et sur

### l'arc du Simplon (62),

qui se trouve à l'entrée de la Place d'Armes et qui
date de 1807–1814. Il devait servir d'entrée à Milan
par la route du Simplon. L'empereur d'Autriche
François 1er le fit terminer pour célébrer le retour
de la paix générale. On lui donna alors le nom

### d'Arc de la Paix (63).

La figure allégorique de la Paix remplaça celle
de la Victoire sur le char à six chevaux, qui cou-
ronne l'Arc. Cette seconde vue représente une
autre face du même monument.

Bien des richesses et bien des attraits, comme
le théâtre de la Scala, comme le palais Breria et la
bibliothèque Ambrosienne, l'église San Ambrogio,

où saint Augustin abjura, nous retiendraient trop longtemps. Nous ne pouvons nous attarder davantage. Il nous faut faire une pointe jusqu'à la Chartreuse de Pavie. Le chemin de fer nous y conduit en trois quarts d'heure.

## Pavie (64)

est une ville assez triste, de 25.000 habitants, située sur le Tessin, que traverse un

## Pont Couvert (65),

Nous, en France, nous ne connaissons Pavie que par la sanglante défaite qu'y éprouva François Ier. Pour les touristes, cette ville a un autre attrait, celui de sa *Chartreuse*, qui, du reste, ne se trouve pas dans la cité même, mais bien à 10 kilomètres de là, dans la direction de Milan. On descend à la station de Guinzano ou *della Certosa*.

On suit un chemin bordé de saules, puis, à droite, les murs du couvent et, en un quart d'heure, on arrive à l'entrée de

## La Chartreuse (66)

Ce splendide monument, élevé par les dynasties qui se sont succédé à Milan, date de 1396. C'est à Jean Galéas Visconti que remonte l'initiative de cette création.

## La façade (67)

est moins ancienne. Elle ne date que de 1473, et on la doit à *Ambroise Borgognone*. Elle est dans le style de la Renaissance le plus riche et entièrement recouverte de marbres de couleur qui forment une ornementation élégante. Trente sculpteurs au moins y ont travaillé du xv° au xviii° siècle, entre autres, Amaden (Ant.) André Fusina, Busti surnommé le Bambaja, auquel on attribue la porte principale du monument. Les bas-reliefs valent généralement mieux que les statues. La partie inférieure du monument est couverte de médaillons d'empereurs romains. Au-dessus on aperçoit des scènes de l'Ancien et du Nouveau Testament ou de la vie du fondateur. Puis viennent des têtes d'anges, de magnifiques fenêtres, enfin, dans le haut, des niches avec de nombreuses statues. C'est l'œuvre d'ornementation la plus riche de l'Italie du Nord. Elle n'est point terminée dans le haut ; sans cela, elle éclipserait même les façades des cathédrales d'Orvieto et de Sienne.

Entrons dans l'intérieur. Le vaisseau est la partie la plus ancienne du monument et de style gothique. Il y a trois nefs et quatorze chapelles. Le sol est pavé de remarquables mosaïques modernes. Les chapelles et les différents autels sont ornés de colonnes et de pierres précieuses. Le transsept et le chœur sont séparés de la nef par un magnifique jubé en fer et en bronze.

Près de l'église se trouve

## le premier cloître (68),

dit le Petit Cloître de la Fontaine (della Fontana).
Il est entouré d'arcades supportées par de légères
colonnettes en marbre blanc. Les parties qui se
trouvent au-dessus des colonnes sont décorées de

## Bas-reliefs (69),

moulés en terre cuite, d'une extrème élégance.
Les murs sont couverts de fresques dues à Crespi.
Malheureusement, elles sont altérées par l'humi-
dité.

De Pavie, nous revenons à Milan dire un dernier adieu à la belle capitale de l'ancien duché, et
nous prenons l'express pour Venise.

Dans trois heures environ, nous serons à Vérone
qui méritera bien une longue station. Nous allons
passer à Treviglio, après avoir franchi l'Adda.
De là part l'embranchement qui passe à Bergame
pour aller rejoindre la ligne de Milan à Lecco.

Nous arrivons à

## Brescia (70).

Arrêtons-nous ici un moment. Brescia est la
*Brexia* des anciens. Elle est dans une admirable
situation au pied des Alpes. C'est le Saint-Etienne
de l'Italie. On y travaille le fer et l'on y fabrique
une notable partie des armes destinées à l'armée

italienne. On y remarque à droite *la Cathédrale* (*Duomo Nuovo*) et

### le palais communal ou Loggia (71),

qui date du xvi° siècle, le Museo patrio, la galerie Tosi. Terminons notre tournée par le

### Campo Santo (72),

un des plus beaux cimetières de l'Italie du Nord et allons y admirer la

### « Veuve au tombeau de son époux » (73),

admirable œuvre de Canova.

Nous longeons ensuite le lac de Garda. Le ciel est aujourd'hui d'une absolue limpidité. Les eaux du lac sont d'un bleu foncé, et les montagnes dénudées qui bordent cette immense flaque d'eau revêtent également un manteau de brume bleuâtre. Le lac s'enfonce au travers des montagnes et se trouve à 69 mètres d'altitude. Il a 60 kilomètres de long et une largeur qui varie entre 4 et 64. C'est dans la partie que nous voyons de wagon et voisine de

### Desenzano (74),

que se trouve la plus grande largeur, interrompue pour l'œil vers son milieu par une petite presqu'île étroite. Là est bâtie Sermione, où existe la grotte de Catulle. L'eau de ce lac est parfois agitée comme celle d'une mer orageuse, et cette onde

renferme cet excellent *carpione* (truite sau-
monée) pesant jusqu'à 25 livres, qui fait l'orne-
ment des grandes tables d'hôte de Vérone.

Le chemin de fer passe sur un superbe viaduc,

### le Viaduc de Desenzano (75),

et atteint Peschiera. Peschiera est l'une des quatre
clefs de ce formidable quadrilatère qui a été si
longtemps l'imprenable rempart de la Vénétie
autrichienne. Peschiera et Mantoue formaient la
première ligne de défense, reliées entre elles par
le cours du Mincio, qui permet au lac de Garda de
s'écouler dans le Pô. Vérone et Legnago, s'appuyant
sur l'Adige, formaient la seconde. Aujourd'hui, ce
quadrilatère, devenu italien, ne sert plus à proté-
ger la Vénétie contre l'étranger, mais bien la
Lombardie. Du reste, ces forteresses démodées,
autrefois si considérables, n'ont plus, avec l'artil-
lerie moderne, leur ancienne importance. La
barrière la plus redoutable contre l'invasion
étrangère, ce seront toujours ces deux cours d'eau
considérables, au cours rapide, entre lesquels une
armée ne pourra jamais s'engager sans courir un
très grand danger.

Au delà du Mincio, nous ne sommes plus en
Lombardie. La Vénétie a commencé à Peschiera.
De Peschiera à

### Vérone (76)

Il n'y a qu'un saut.

Vérone apparait, Vérone que dominent les ramifications méridionales des Alpes du Tyrol. C'est ici que vient aboutir la grande route qui débouche du Trentin au sortir du défilé, formé par le Monte Baldo et les monts Lessini, et qui longe l'impétueux Adige.

Ici également se réunissent les voies ferrées qui viennent de Trente, de Milan et de Mantoue.

Il existe deux gares à Vérone : la vieille gare, celle « della Porta Vescovile » ; la nouvelle gare, celle « della Porta Nuova ». La gare principale est la première ; c'est là que nous descendons. Les omnibus des hôtels nous prennent, et nous pénétrons en ville par le faubourg, où passe la route qui se rend à Vicence.

Nous passons l'Adige et nous apercevons le

### vieux pont crénelé (77).

Nous voici à

### la place Brà (78),

dont le nom est maintenant transformé en celui de Place de Victor Emmanuel.

Vérone présente un grand intérêt au point de vue de l'histoire de l'art et notamment au point de vue de l'architecture. C'est la patrie de l'ingénieur militaire *Sammicheli*, du xvie siècle, qui bâtit

des palais dans le style sévère des forteresses. A
Vérone aussi est né Fra Giacondo, l'un des carac-
tères de la Renaissance.

Vérone, le soir, est triste et morne. C'est une
ville de province. A neuf heures, on éteint le gaz de
la place Brà ; à dix heures, tout le monde est rentré
et les cafés se ferment. Mais on se rappelle toutefois
qu'on est ici dans une ville de garnison, car, en
fait de passants attardés dans les rues, on ne rencontre que quelques officiers dont le sabre traînant
tressaute sur les pavés caillouteux de Vérone.

Celui qui veut juger Vérone sous son vrai jour
doit aller le matin entre huit heures et midi sur
la *piazza delle Erbe* (la place aux Herbes), où se
tiennent toutes les marchandes de fruits et de
légumes, à l'abri d'immenses parapluies rouges.
Nous trouvons ici le type vénitien proprement dit,
avec sa noblesse d'allures : le port fier de la tête,
une grandeur et une ampleur que Véronèse a si
admirablement pris sur le fait en l'idéalisant.
Quelle couleur, quelle animation, quelle vie sur
cette place aux Herbes, la place la plus pittoresque
de l'Italie, dit-on, l'ancien forum de la République
Véronaise ! Au milieu s'élève une fontaine surmontée d'une statue qui personnifie Vérone. Un
peu plus au nord, se dresse une colonne qui portait
autrefois un lion de St Marc, comme symbole de la
soumission de Vérone à la République de Venise.

A droite et à gauche, des maisons peintes à fresques, notamment la *casa dei Mercanti* (la maison des Marchands), au XIV<sup>e</sup> siècle.

Mais Vérone est surtout célèbre par ses

## Arènes romaines (79),

qui sont au nombre des plus belles parmi celles qui sont demeurées intactes. On a dépensé deux cent mille francs pour les reconstruire en entier, pierre à pierre, en marbre des Alpes. Seulement, elles s'élevaient encore plus haut, comme l'indique le fragment conservé ici, au milieu et en avant.

Ces arènes sont toutefois moins importantes que celles d'Arles. Elles sont moins bien conservées dans leur forme générale, en hauteur, que celles de Nîmes, mais elles sont mieux entretenues. Il faut se rappeler qu'en Italie on comprend que la conservation des monuments est la seule manière d'attirer l'affluence des étrangers, et les étrangers, pour les villes italiennes, c'est une partie de leur richesse. Combien de villes françaises se montreraient intelligentes en suivant le même raisonnement !

Entre la ville, dominée par

## le Château St-Pierre (80),

et ces collines que vous devinez dans le fond, à gauche, coule l'Adige, car Vérone est bâtie dans

l'intérieur d'une boucle de ce fleuve terrible.
Aussi, quand celui-ci grossit sous l'influence des
pluies ou de la fonte des neiges, la ville est-elle
inondée et couverte d'un mètre d'eau et plus,
comme en 1882.

Rien de plus pittoresque que l'aspect de l'Adige,
au milieu duquel se trouvent installés, sur toute la
longueur du fleuve, une quantité innombrable de
moulins à eau !

Il y a beaucoup de monuments à voir à Vérone.
San Anastasia est l'église la plus intéressante de
cette ville avec San Zenone. Il y a là une
*Assomption* du Titien qui est bien belle mais
qui cependant est une œuvre moins importante et
moins imposante que l'*Assomption* du même qui
se trouve au Musée des Beaux-Arts de Venise. On
trouve là moins de grandeur, et ce n'est en somme
qu'une répétition réduite de l'œuvre sublime que
tout le monde admire sur les bords du « Canal
Grande. »

Quant à la

## Cathédrale (81),

c'est un superbe édifice gothique du xvi siècle,
avec façades et chœurs romans du xii. Derrière
les colonnes du portail, on aperçoit les statues des
paladins de Charlemagne, Roland et Olivier. Les
colonnes antérieures reposent sur des griffons.

Mais nous ne pouvons point ne pas aller au moins jusqu'aux

### monuments des Scaliger (82),

superbes mausolées gothiques que se sont fait ériger les membres de l'ancienne famille della Scala, qui gouverna cinquante années de suite l'ancienne république de Vérone.

Deux jours suffiraient à peine à l'érudit qui voudrait étudier cette ville avec profit, mais nous n'avons point le temps de nous attarder.

Il faut une heure et demie de chemin de fer pour aller de Vérone à Padoue, la ville universitaire, l'ancienne *Patavium* traversée par le Bacchiglione. C'est une ville immense aux longues voies, bordées de portiques et de maisons dont les façades sont décorées à l'italienne, la ville du calme et du repos. Le palais della Ragione contient l'une des plus grandes salles à plafond voûté qui existent. On y a placé le cheval de bois de *Donatello*, qui passe pour avoir servi de Cheval de Troie dans un carnaval. Il faut visiter la « Loggia del Consiglio », le café Pedrocchi,

### le « Prato delle Valle » (83)

ou Place Victor Emmanuel, où se trouvent réunies les statues des principales célébrités de l'université, comme le Tasse, l'Arioste, Pétrarque, Galilée, etc.

Le plus important monument de Padoue est

## l'Église San Antonio (84).

San Antonio ou *Il Santo* tout court, comme
l'appelle le peuple, était le compagnon de S^t
François d'Assise au XIII^e siècle. La partie principale de la basilique date de 1265 à 1305. Le
reste ne fut terminé qu'en 1475, époque à laquelle
on exhaussa les coupoles que vous voyez. Cette
construction colossale est en forme de croix. Elle
est plus grande que Saint Marc de Venise et surmontée de sept coupoles qui rappellent quelque peu
le style des églises grecques. Quelques détails,
d'autre part, ont un certain degré d'analogie
avec quelques parties des églises mauresques.

Au-dessus de

## la porte de l'église (85),

qui se trouve au milieu de la façade, vous apercevez
la statue du saint.

On compte 38 mètres jusqu'au sommet de la plus
haute coupole; la façade est large de 36. A droite,
dans l'angle, commence le mur de *l'Ecole du Saint*,
où se réunit la Confrérie de Saint Antoine et où
l'on peut voir quelques tableaux du Titien. L'intérieur de San Antonio présente quelques détails
intéressants, diverses œuvres de *Donatello* et de
*Sansovino*.

Devant l'église est placée une

## Statue équestre (86)

d'*Erasme de Narni*, surnommée le *Gattamelata*,
qui a commandé les armées de Venise de 1438 à
1441. Cette statue est en bronze. C'est la première
de cette dimension qu'ait produite l'art moderne
italien, et c'est Donatello qui en est l'auteur.

De Padoue à

## Venise (87)

on arrive en une heure. Le chemin de fer aban-
donne la terre ferme pour traverser les lagunes
que vous apercevez dans le fond.

Si alors vous vous penchez à la portière, vous
ne voyez plus que de l'eau de chaque côté du pont
qui supporte la voie ferrée sur une étendue de
trois kilomètres et demi. Ce pont a 9 mètres de
largeur et une hauteur de 3. Il compte 222 arches,
et il a fallu enfoncer 80.000 pilotis pour l'asseoir
sur un sol solide. La lagune, du reste, n'est pas
profonde ici. Elle n'a guère en général plus d'un
mètre d'eau, sauf à certains endroits, où cette profondeur atteint 4 mètres.

Le soir, le reflet de la lumière du ciel permet
de distinguer l'eau. Là bas, au fond, une ligne
sombre marque la fin du continent, avec quelques
points brillants qui sont les phares. A gauche,
on entrevoit se rapprochant sans cesse de nous

une masse innombrable de lumières. C'est Venezia, c'est

## Venise la Belle (88).

Nous débarquons dans une gare semblable à toutes les gares. Nous voilà aussitôt assiégés par les représentants des différents *albergi* de Venise.

On se charge de retirer vos bagages, et vous sortez de la gare. Ici vous attend le spectacle le plus imprévu, car vous vous trouvez sur le quai du Grand Canal.

Pas de rues, pas de voitures bruyantes, pas de chevaux hennissant ou piaffant. Peu de réverbères, partout la nuit et l'eau. Dans le fond du tableau et au premier plan, d'innombrables gondoles, sombres comme au temps des doges, se bousculant sans bruit auprès du quai et ne décelant leur présence que par les zigzags que décrivent les lanternes placées aux proues. Au milieu de ce calme de la nature, quelle animation ! Les gondoliers se disputent les clients ; puis il s'agit de passer les bagages. Il faut faire queue pour en prendre livraison au quai. Quelle gaieté, quelle vie, quelle couleur ! Il semble qu'on entre ici dans un monde nouveau et qu'une féerie succède aux réalités de la vie terrestre.

. Notre bagage est chargé. Nous nous mettons en route. La gondole s'avance fièrement et silen-

cieusement. Au milieu des ombres, on ne distingue
que quelques rares lumières mystérieuses aux
fenêtres des innombrables palais qui montent la
garde l'arme au bras tout le long du Grand Canal.
Comme ils sont beaux, imposants, dans la nuit
noire, à la lueur des étoiles, ces nobles édifices aux
lignes régulières et harmonieuses !

Voici

### la Casa d'Oro (89)

(ou Cà d'Oro), c'est à-dire la « Maison d'Or »,
d'une décoration admirablement riche et le plus
élégant des palais du style ogival du XVIe siècle.
Le portique du rez-de-chaussée est la partie la
plus ancienne du bâtiment; il date de 1319. Malheureusement, tout cela a été défiguré par les
restaurations. La Casa d'Oro a appartenu à la
Taglioni dans les temps modernes.

Dans le profond silence de la nuit, on ne perçoit
que le bruissement d'une gondole qui glisse et le
cri monotone, sonore, du lointain gondolier, au
tournant d'une rue..., d'un canal, veux-je dire,
pour prévenir les autres gondoliers, dissimulés
par le tournant.

Nous voyons apparaître

### le Pont du « Rialto » (90),

(mot qui provient de l'abréviation de « rivo alto »).
C'est le plus vieux pont de Venise, car il fut cons-

truit par Antoine da Ponte de 1588 à 1591. Pendant longtemps, ce fut le seul sur lequel on pût traverser le Grand Canal.

## Du haut de ce pont (91),

on découvre une partie de Venise. Depuis quelques années, on en a construit un second, en fonte, qui n'a rien de vénitien et qui est tout ce qu'il y a de plus laid ; mais ce pont en fer est une excellente spéculation. On paie 3 centimes pour passer, et ces trois centimes produisent de l'or ; mais quel croc-en-jambe donné au pittoresque !

Le Rialto n'a qu'une seule arche reposant sur 12000 pilotis. Il est bordé de deux rangées de boutiques. Rien de plus vivant, de plus gai, de plus animé, le soir, quand les marchands de légumes, installés devant leurs marchandises, — qu'éclaire une chandelle entourée d'une enveloppe de papier, —s'égosillent pour offrir leurs produits.

Les palais qui bordent le canal ont une entrée du côté de l'eau. Au bas des escaliers stationnent les gondoles, attachées après ces immenses poteaux que vous allez voir, faisant saillie au dessus de l'eau et qui sont uniformément peints en bleu suivant l'usage traditionnel de Venise. Ceux que vous apercevez actuellement se trouvent placés devant le

### Palais Cavallini (92).

Traditionnelles aussi, les gondoles, que l'on prendrait volontiers pour des corbillards, avec leur aspect sombre et sévère, peintes en noir comme elles le sont, en vertu d'une loi du xvᵉ siècle.

De l'autre côté des palais circule une rue, une vraie rue, où peuvent passer les piétons. Les rues de Venise ne sont guère que de longs boyaux, étroits, pavés en dalles, où jamais n'ont circulé ni voitures ni chevaux. Aussi les appelle-t-on d'un nom spécial, *calle*. Quel repos! Quel calme! Point de bruit, point de fatigue pour les gens des villes, dont les nerfs sont fourbus, exténués. Et cependant au milieu de tout cela règnent la vie, l'animation. Les rues, étroites, sombres, le soir, vous ont des aspects de coupe-gorge. Mais, dans le jour, quel pittoresque, quel cachet, avec ces populations qui grouillent, vêtues de couleurs voyantes et cependant jamais criardes ni discordantes!

Nous arrivons ainsi à l'entrée du Grand Canal, du côté du port, — j'allais dire, de la mer; mais ce n'est point la mer qu'on contemple à Venise. Il n'y a là qu'une vaste nappe d'eau unie, sans mouvement. Il faut, pour trouver la mer, se rendre au

### Lido (93),

et ce n'est que de l'autre côté de cette île que nous pourrons contempler l'Adriatique.

A droite de l'extrémité du Grand Canal, vous apercevez le Dôme de

## Santa Maria della Salute (94)

et, un peu plus loin, la Douane (la Dogana di Mare), construite en 1682 par Benoni et surmontée d'une girouette représentant la Fortune sur un grand globe.

Nous allons nous faire débarquer au bas de la

## Piazzetta (95),

au pied des marches sur lesquelles se tiennent les gondoliers. La *Piazzetta*, c'est-à-dire la *petite place*, fait corps avec la *Piazza*, la grande place, la place Saint Marc, le centre, l'âme, la vie, le résumé de Venise! La Piazzetta est bordée à l'Est par l'un des côtés du

## Palais Ducal (96)

et à l'Ouest par un palais à arcades, où devait être installée la bibliothèque de Saint Marc.

Sur la Piazzetta s'élèvent deux colonnes de granit, transportées de l'Archipel par le doge Michieli en 1127. On y ajouta des soubassements et des chapiteaux. L'une des deux colonnes est surmontée de la statue de Saint-Georges, debout sur un crocodile ; l'autre, du lion ailé de Saint Marc. Ce lion est du xve siècle ; mais il fut détérioré dans

le transport à Paris en 1797 et dans son voyage
de retour en 1815. C'est à ces colonnes que le
Conseil des Dix faisait accrocher par les pieds les
cadavres des criminels d'Etat.

Sur cette Piazzetta, à droite, se trouvent, comme
nous l'avons dit, le Palais Ducal, à gauche, la
*Libreria Vecchia*, qui fait partie du Palais Royal.
La façade compte 21 arcades d'un portique dorique
soutenant un étage d'ordre ionique, surmonté d'un
entablement, dont la frise est richement sculptée
et d'une hauteur extraordinaire. La balustrade est
couronnée de statues dues à différents disciples
de Sansovino. Ce monument n'est remarquable
que par sa décoration sculptée.

En entrant sur la place St Marc par la Piazzetta,
nous apercevons

### le Campanile (97),

ou clocher de St Marc. On a mis 240 années à le
construire à partir du xe siècle. *Bartolommeo
Bruno* en a refait la flèche en 1510. Elle est surmontée d'un ange qui date de 1822. Ce campanile
à 98 m. 60 de hauteur. D'en haut, on a une vue
admirable sur les Alpes, sur Venise, etc.

Au pied du Campanile se dresse

### la Loggia ou Loggetta (98),

charmant petit bâtiment carré, revêtu de marbres,

de bronzes et de statues par Sansovino en 1540 et destiné à servir de lieu de réunion aux nobles.

Allons au milieu de la place et faisons face au portail de la grande

### Église de Saint Marc (99).

Il n'est point possible de ne pas ressentir une certaine émotion en présence de cette accumulation extraordinaire de richesses artistiques de toute sorte.

Nous apercevons d'abord 3 piliers ou piédestaux (de Léopardi) en bronze. C'est là qu'on arborait autrefois les étendards de la république, symbole de la puissance qu'exerçait Venise vis-à-vis de Chypre, de Candie et de la Morée.

La Basilique de St Marc est un spécimen étrange de l'architecture byzantine, de cette architecture,où la coupole est la base des combinaisons architecturales. Cette architecture, nous la retrouvons dans toutes les églises russes et aussi dans la nouvelle cathédrale de Marseille.

La façade que vous voyez est percée de cinq portes à arcades et surmontée de cinq arceaux, en forme de diadèmes séparés par des clochetons. Si la vue s'étendait à toute cette façade, on y pourrait apercevoir des mosaïques à notre droite.

1° et 2°. L'Enlèvement du corps de St Marc, d'Alexandrie, de *P. Vecchia* (1650). Deux patrons

de vaisseaux vénitiens avaient été autorisés à
enlever le corps du saint d'une église dévastée. A
la sortie de la ville, pour le soustraire à la visite,
ils le mirent dans un panier enveloppé d'herbes
et recouvert de tranches de porc, viande détestée
des musulmans.

3° La mosaïque du milieu représente le Juge-
ment dernier. Elle est de 1836.

Dans la 4°, figurent les magistrats vénitiens
rendant des honneurs au corps de St Marc. Elle
fut exécutée, d'après un dessin de Rizzi, par del
Pazzo.

Enfin, une mosaïque très ancienne, mais cependant postérieure à 1205, rappelle l'ancien aspect
de l'Eglise.

Çà et là, sur la façade, des bas-reliefs antiques
représentent Hercule, Cérès, etc.

Les quatre célèbres chevaux, dits « de bronze »,
sont en cuivre. Ils auraient autrefois décoré l'Arc
de triomphe de Néron à Rome, puis Constantin les
aurait transportés à Byzance ; de là, ils sont
venus à Venise en 1205. Bonaparte les expédia à
Paris pour orner l'arc du Carrousel, mais en 1815,
ils retournèrent à Venise. Ces chevaux n'ont
d'autre mérite que leur antiquité. Ils portent
encore des traces de l'ancienne dorure.

A l'angle de la Basilique, vers la Piazzetta, on
remarque un groupe de porphyre comprenant

quatre figures qui s'embrassent. On pense qu'il vient de Constantinople.

Auprès de la Basilique, se trouve, sur la Piazzetta,

## le palais Ducal (100),

l'ancien palais des Doges, édifice à la fois palais, tribunal et prison, au style ogival. Quoi de plus étonnant que cette colonnade à fûts robustes, dont l'apparence massive est encore accentuée par un enfouissement de quelques décimètres. Elle est surmontée d'un second rang de colonnes formant une galerie dans le style arabe! Au-dessus se dresse une grande muraille de marbre à peu près massive, ainsi élevée sur une loggia entièrement à jour et pesant de tout son poids sur une dentelle ininterrompue d'ogives, de trèfles et de quatrefeuilles.

Derrière le palais s'étend un canal, le *Rio di Palazzo*. De ce côté, se développe une

## façade (101)

en style élégant de la Renaissance. Elle date de 1484 et a été établie d'après le projet d'Ant. Rizzo. On a refait le toit du côté du canal en 1865. Le Palais communique avec la prison par un pont suspendu à une grande hauteur. C'est le fameux *Pont des Soupirs*. La légende prétend que c'est du haut de ce pont que les criminels d'Etat, les victimes des Doges, étaient précipités dans le canal, cousus dans des sacs.

Ce canal débouche entre le Môle et

## la Riva degli Schiavoni (102)

(le Quai des Esclavons),qui borde le Canal de Saint
Marc et fait face à l'île de St Georges Majeur.
Ce quai est entièrement pavé de dalles de marbre
non polies, et c'est l'une des promenades les plus
populaires et les plus animées de Venise. On y rencontre des matelots de toutes les nations.

Au Quai des Esclavons, nous sommes à deux
pas de

## l'Arsenal (103).

On le visite de 9 à 3 heures. Il occupait
jadis 16.000 ouvriers, il n'en emploie plus que
2.000. Il a aujourd'hui l'aspect d'un immense
désert. A l'entrée que voici, nous apercevons une
belle porte et quatre lions antiques rapportés
comme butin du Pirée en 1687. Le grand Lion de
gauche, couvert d'inscriptions aujourd'hui effa-
cées, passe pour provenir du champ de bataille
de Marathon.

Mais retournons au Palais Ducal pour en visiter
l'intérieur et contempler la

## Courtille de Saint Marc (104).

Nous entrons dans la cour qui date de la fin du
xve siècle et qui est due à Ant. Bregno et à Ant.
Scarpognino. Elle ne fut achevée qu'en partie.

Le côté le plus remarquable est l'aile orientale.
Sur la façade de la tour de l'Horloge s'élève la
statue de François-Marie 1ᵉʳ d'Urbin, général vénitien. Les autres statues sont antiques mais
restaurées. Au milieu de la cour se trouvent

### deux margelles (105)

de citernes en bronze.

Nous voici en face de la partie la plus célèbre
du palais. Nous voulons parler de

### l'Escalier des géants (106).

Cet Escalier des Géants (*Scala dei Giganti*) doit
son nom aux deux immenses statues de Mars et de
Neptune, sculptées par *Sansovino* et qui datent de
1554. Il fut construit vers 1485 par Ant. Rizzo avec
des marbres de prix travaillés par *Domenico* et
*Bernardino* de Mantoue. C'était sur le palier de cet
escalier qu'avait lieu le couronnement du doge.

### Le Palais Ducal (107)

n'est pas loin de la mer. Nous allons retourner
sur la Piazzetta prendre

### une gondole (108).

Elle nous conduira à

### la Salute (109).

Cette église, dont le vrai nom est *Santa Maria
de la Salute*, est grande et belle. Elle est à cou-

pole et s'élève sur une sorte de presqu'île qui
s'avance entre la mer et le Grand Canal. Elle fut
construite de 1630 à 1681, après la grande peste de
1660, par un élève de Palladio. L'œuvre capitale
de l'Église est le tableau du Titien représentant
St Marc et quatre autres saints.

Nous terminerons notre course au travers de
Venise en reprenant notre gondole pour nous rendre au chemin de fer par le Grand Canal. Nous
partons de l'Eglise de la Salute.

En parcourant ces 3 ou 4 kilomètres, nous allons
repasser devant les 150 palais qui sont disséminés
sur les bords de cette admirable voie d'eau de 50
mètres de large.

Sur ce

### Plan (110),

vous pouvez suivre notre itinéraire.

Voici d'abord

### le Palais Barbaro (111),

à notre droite; il date du xive siècle. Vient ensuite,
à gauche,

### le palais Cavalli (112),

du xve siècle, avec de belles sculptures ogivales
aux fenêtres.

Du côté gauche, nous apercevons

### le palais Foscari (113).

La famille Foscari était l'une des plus anciennes de Venise. François Foscari avait été doge de
1423 à 1457. L'un de ses fils fut, à deux reprises
différentes, soumis à la torture. Le doge acheta le
palais et fit élever le 3ᵉ étage par les architectes
*Buono*. Ce bâtiment est admirablement situé au
détour du Grand Canal. Son architecture ogivale
du xvᵉ siècle se distingue par de magnifiques
proportions. A ce palais se rattache le souvenir
de la visite de Henri III, Roi de France, en 1574.
Il fut à l'intérieur décoré par *Bordone*; mais un
vandalisme inexplicable a détruit toutes ces richesses au xviiiᵉ siècle. Le palais a été restauré en 1847.

Reportons de nouveau nos regards à droite.
Nous découvrons bientôt

### le palais **Manin** (114),

le palais du dernier doge de la République Véni-
tienne. On est redevable de la façade à Sansovino,
qui vivait au xviᵉ siècle. A l'intérieur se trouvent des peintures du Pérugin. Actuellement, le
palais est occupé par la Banque nationale.

Plus loin, à notre gauche, se dresse

### le palais **Pesaro** (115),

qu'on appelle le palais *Bevilocqua*, à l'architecture emphatique. Il est tout chargé de sculptures, de
casques, de panaches. On y trouve réunis les or-
dres *rustique diamanté, ionique et composite*. Il

date de 1679 et a été construit par Bald Longhena.

Enfin, à notre droite, après avoir dépassé la Casa d'Oro, que nous avons déjà vue à notre arrivée, voici

### le palais Vendramin-Calergi (116),

bâti en pierre d'Istrie par Lombardo. Il remonte à 1481. C'est l'un des plus beaux édifices du Grand Canal. La façade en est très irrégulière. Ce palais renfermait une importante galerie de tableaux où étaient représentés le Titien, Palma le Jeune, le Pérugin, André del Sarte, le Guide, Rubens, etc. Elle a été vendue. Là aussi se trouvaient deux belles statues d'Adam et d'Ève, dues à Tullio Lombardo, qui décoraient le tombeau du doge Vendramin.

Mais l'heure du train approche. Le temps presse. Il nous faut, malgré toutes ses enivrantes séductions, quitter cette belle endormie. Adieu Venise ! Adieu ! Puissent l'avenir t'être propice et les siècles t'être légers ! Tu n'as point trompé nos illusions et nos rêves.

# LISTE DES TABLEAUX

1. Lac du Bourget.
2. Abbaye de Hautecombe.
3. Aix-les-Bains.
4. Arc de Campanus, à Aix-les-Bains.
5. Chambéry.
6. Château des Ducs de Savoie.
7. Fontaine des Éléphants.
8. Le Bout du Monde.
9. Vallée de l'Arc.
10. Carte de Paris à Modane.
11. S$^t$ Michel de Maurienne.
12. Gare de Modane.
13. Les Fourneaux.
14. Tunnel du Col de Fréjus.
15. Passage des Échelles, route en lacets du Mont-Cenis.
16. Carte de Bardonnèche à Turin.
17. Gare de Porta-Nuova, à Turin.
18. Place San Carlo, à Turin.
19. Plan de Turin.
20. Piazza del Castello, à Turin.
21. Façade Nord du Palais Madame.
22. Rue du Pô.
23. Statue élevée en 1859 à l'Armée Sarde.
24. Escalier du Palais Royal, statue d'Emmanuel Philibert.
25. Escalier du Palais Royal, statue de Charles Albert.

26. Palais Royal, salle de réception.
27.       —       salle du trône.
28.     .—       chambre à Coucher.
29. Entrée de l'Armeria Reale.
30. Armeria-Reale, coup d'œil d'ensemble.
31.       —      salle n° 1 (armures éques-
      tres, etc.)
32. Armeria Reale, buste du Roi Charles Albert.
33. Place Victor Emmanuel.
34. Pont sur le Pô.
35. Le Monte.
36. Turin, pris du Monte.
37. Statue d'Emmanuel Philibert.
38. La Superga.
39. Le Lac Majeur.
40. L'Ile des Pêcheurs.
41. Baveno.
42. Isola Bella.
43. Statue de St Charles Borromée.
44. Lugano.
45. Lac de Lugano.
46. Bellagio.
47. Sur les bords du Lac de Lecco, Lecco.
48. Bellagio, autre vue.
49. Quais de Bellagio.
50. Bellagio pris de la Tremezzina.
51. Pont de l'Adda, à Como.
52. Villa Melzi.
53. Villa Serbelloni.
54. Varenna.
55. Como.

56. Gare de Milan.
57. Le Dôme de Milan.
58. Intérieur du Dôme.
59. Statue d'Ève.
60. Vue générale de Milan.
61. Jardin public.
62. Arc du Simplon ou Arc de la Paix.
63.  —  autre façade.
64. Pavie.
65. Pavie, pont couvert.
66. La Chartreuse, vue d'ensemble de la façade.
67.  —  vue partielle de la façade.
68. Cloître.
69. Colonnade du cloître, avec bas-reliefs.
70. Brescia.
71. Le palais communal de Brescia.
72. Campo Santo de Brescia.
73. Brescia, veuve au tombeau de son époux.
74. Desenzano, Lac de Garda.
75. Le Viaduc de Desenzano.
76. Vérone.
77.  —  vieux pont crénelé.
78.  —  place Brà.
79.  —  Arènes Romaines.
80.  —  Château St-Pierre.
81.  —  Cathédrale.
82.  —  Monument des Scaligers.
83. Padoue, Prato delle Valle.
84.  —  Eglise San Antonio.
85.  —  Porte de l'église San Antonio.
86.  —  Statue équestre du Gattamelata.
87. Venise, côté Ouest.

32428—Imp. BARÉ à GUISE (Aisne)

# DEUX CONFÉRENCES
## SUR
# LES AÉROSTATS
### ET
## LA NAVIGATION AÉRIENNE
### Par M. Gaston TISSANDIER
*Suivies du Catalogue des Projections relatives aux Aérostats.*

### Brochure : 1 fr. 50

---

## CATALOGUE N° 32
### 4ᵉ ÉDITION

# VUES SUR VERRE
## Photographiées d'après nature
### VUES DE DIFFÉRENTS PAYS :
## EUROPE — ASIE — AFRIQUE
## MUSEUM DE PARIS
## PHOTOMICROGRAPHIES
### 0 fr. 50

---

## CATALOGUE N° 38

# TABLEAUX SUR VERRE
## en noir et en couleur
### pour
## L'ENSEIGNEMENT PAR LES PROJECTIONS
### Astronomie, Physique, Mécanique, Chimie, Géographie
### et Voyages, Histoire de France
### Bible de G. Doré
## INDUSTRIES ET APPLICATIONS SCIENTIFIQUES :
*Botanique, Zoologie, Anthropologie, Histoire du Globe, Portraits*
*Sujets historiques.*
### 0 fr. 75

CATALOGUE Nº 41

# TABLEAUX EN COULEUR
### SIMPLES ET A MOUVEMENTS
*Allant avec les Appareils du Catalogue Nº 50*

O fr. 25

CATALOGUE Nº 48

# APPAREILS & ACCESSOIRES
POUR

### AGRANDISSEMENTS A LA LUMIÈRE ARTIFICIELLE
Avec Notes sur leur emploi.

O fr. 25

| Nº 50 | Catalogue Nº 51 |
|---|---|
| CATALOGUE DES | # COLLECTIONS |
| # APPAREILS | ### SCIENTIFIQUES |
| ET ACCESSOIRES | DE |
| employés pour les | A.-L. DONNADIEU |
| PROJECTIONS LUMINEUSES | Docteur ès sciences (Lyon) |
| dans l'Enseignement | Photographies sur verre |
| et les Conférences publiques. | POUR PROJECTIONS |
| | 1ª Section : Histoire naturelle |
| | 2ª — Agriculture. |
| O fr. 25 | Envoyé franco sur demande |

CATALOGUE Nº 52

# TABLEAUX SUR VERRE
POUR

## L'ENSEIGNEMENT PAR LES PROJECTIONS
Photographiés d'après les Ouvrages de la Librairie **G. MASSON**
et d'après le journal *La Nature.*

Prix du Catalogue : **O fr. 25**

Imp. Baré, à Guise (Aisne).

www.ingramcontent.com/pod-product-compliance
Lightning Source LLC
LaVergne TN
LVHW022031080426
835513LV00009B/974